ÉLOGE

DE

M. le Chanoine Joseph Jérôme DÉCHELETTE

PRONONCÉ

[illegible]

[illegible]

PAR

Mgr P. GADOLLE

[illegible]

LYON

LIBRAIRIE GÉNÉRALE EMMANUEL VITTE

[illegible]

ÉLOGE

DE

M. le Chanoine Joseph-Jérome DÉCHELETTE

LYON. — IMP. EMMANUEL VITTE, RUE DE LA QUARANTAINE, 18.

ÉLOGE

DE

M. le Chanoine Joseph-Jérome DÉCHELETTE

PRONONCÉ

A la Cérémonie de la Distribution des Prix de l'Institution des Chartreux

Le Jeudi 13 Juillet 1905

PAR

MGR P. DADOLLE

VICAIRE GÉNÉRAL

RECTEUR DES FACULTÉS CATHOLIQUES DE LYON

LYON

IMPRIMERIE EMMANUEL VITTE

18, rue de la Quarantaine, 18.

—

1905

MESDAMES,
MESSIEURS,
CHERS ELÈVES,

A pareil jour, il y a un an, j'avais l'honneur de présider ici la même fête de distribution des prix.

Je n'aurais donc pas su m'attendre à être sitôt rappelé au fauteuil, moins encore si l'estrade devait, comme aujourd'hui, précéder le fauteuil : circonstance qui aggrave notablement mon rôle, puisqu'au lieu de représenter seulement pour la sympathie muette, ou discrètement souriante, il faut, de la place où je suis, que je tâche encore de donner à la fête l'intérêt de quelque suprême leçon.

Pour délicate que m'apparût la tâche, je l'ai acceptée néanmoins avec empressement, et sans m'inquiéter si d'autres en auraient mieux que moi égalé les obligations : j'y mettrai mon âme.

Avez-vous pressenti, jeunes amis, que je viens consacrer ma parole à une mémoire très vénérée, je puis dire aussi très respectueusement aimée : une mémoire qui résume, si je ne me trompe, la plupart des thèmes de harangue pour solennité de distribution des prix : la vie à très haut idéal, le plus vaillant labeur, l'exemple d'une volonté foncièrement militante, le patriotisme, enfin, non pas celui qui se perd dans le rêve, mais celui qui aboutit en se réalisant dans l'inlassable dévouement obscur. Tout cela, M. le chanoine Déchelette l'a été, dans cette Maison, pendant près d'un demi-siècle.

Il l'a été pour les générations nombreuses qui vous précédèrent et pour vous, qui avez encore reçu le bienfait de ses ardeurs de zèle dont il nous semblait qu'elles ne s'éteindraient pas : il l'a été, à la perfection presque, jusqu'à ce 24 janvier dernier où nous apprîmes, n'y pouvant croire, tant le coup fut imprévu, qu'il venait de tomber sur la brèche, aussi prompt cette fois à changer de monde qu'il l'était habituellement pour passer de l'un à l'autre des exercices de sa vie de communauté.

Je n'ai pas à rappeler quels hommages furent aussitôt rendus à votre Supérieur : sans doute que, parmi ces hommages, le plus significatif de tous était l'incomparable cortège de ses funérailles, où l'on vit l'Eglise et la Ville — l'Eglise, depuis Son Eminence le Cardinal Archevêque ; la Ville, c'est-à-dire la multitude des anciens élèves, accourus de toutes les carrières par lesquelles maintenant ils sont dispersés, — également empressés d'apporter et d'unir leurs prières autour de la dépouille d'un prêtre qui ne tint de son vivant que peu de place hors de sa Maison, mais dont le mérite fut précisément d'en tenir une si grande en cette Maison!

C'est ce mérite que je voudrais dire.

A la distance où déjà nous sommes de notre commun deuil, il sera permis à ma parole de se garder des tristesses de l'oraison funèbre : puissé-je, Messieurs, poser simplement devant vous le portrait, à peu près ressemblant, du prêtre-éducateur qu'a été l'abbé Joseph-Jérôme Déchelette, vingt ans professeur, treize ans directeur des études, et quinze ans supérieur à l'Institution des Chartreux!

*
* *

Le jeune prêtre qui, en 1857, débutait ici dans le ministère de l'enseignement, trouvait d'emblée le cadre à souhait pour y installer sa vie.

Votre Institution, alors adolescente, avait à peine connu les difficultés de la traversée du premier âge. D'abord simple occupation de la liberté d'enseignement non encore conquise, au lendemain du 15 mars 1850, elle devenait aussitôt chez nous l'une des plus brillantes organisations de la conquête. Son fondateur, M. Hyvrier, — il faut rendre à son souvenir cette justice — ne possédait-il pas plusieurs parties du génie qui fait les hommes puissants en œuvres ? Esprit très ouvert, sinon très cultivé, — encore que pour la culture même il fût de son temps ; — habile à reconnaître les circonstances favorables ; doué par surcroît de cette indéfinissable qualité qui se nomme « prestige », et qui est autant un don direct qu'une résultante: sa fortune, le bonheur de ses choix, les deux réunis, lui firent rencontrer nombreux pour son œuvre ces ouvriers d'inestimable prix, que j'appellerai les professeurs de carrière ; et j'entends ce titre au sens spécial et plus élevé qu'il a, quand ceux qui le portent sont des prêtres, qui non seulement ne connaîtront pas des compensations qu'il comporte pour d'autres, mais qui, placés par leur vocation au-dessus du besoin d'être compensés de la sorte, n'aspirent qu'à travailler sur le plan divin en achevant l'homme dans l'enfant.

L'abbé Déchelette prenait à vingt-trois ans son rang dans cette élite, laquelle aujourd'hui se survit en deux vétérans : oui, dis-je, élite sacerdotale, dont les membres étaient bien résolus à ne gagner du galon que dans le professorat, ou mieux à n'y gagner que des joies de dévoûment et de conscience, à moins que le plus direct appel d'en-haut ne fît monter l'un d'eux sur le siège de Fénelon.

A vingt-trois ans, Messieurs, notre futur Supérieur ne manquait pas de plusieurs des beaux côtés du portrait de cet âge que nous a laissé Bossuet ; il avait l'ardeur et la flamme, mais déjà aussi l'esprit de discipline et de règle qui ordonne le mouvement le plus impétueux.

On a compris, aux Chartreux, dès ce temps, que le professeur ne s'improvise pas et qu'il se forme : que pour qu'il sache un jour, avec ses élèves, appliquer la sage méthode dont usait le père de Pascal, « en tenant l'enfant au-dessus de son ouvrage », il faut que lui-même ait contracté une maîtrise au-dessus des strictes exigences d'un programme à faire fournir. Et c'est à quoi si l'effort solitaire suffit parfois, l'effort soutenu et guidé pourvoit bien mieux sans contredit. Selon cette pensée, l'abbé Déchelette, après avoir fait de son talent un rapide essai dans la chaire de quatrième, fut des premiers qui allèrent chercher au dehors un complément de formation, en se préparant à la licence ès lettres à l'Ecole des Carmes.

De retour à Lyon, le jeune maître reprend une classe de grammaire.

Ce fut probablement le fruit des leçons qu'il avait reçues et de celles qu'il donnait, dont sans cesse il renouvelait la préparation, qui devint le petit livre classique, intitulé : *Notions d'Elégance latine.* Petit livre aujourd'hui un peu vieilli sans doute, — lui-même ne l'ignorait point, — mais qui fut jeune, et, en son temps, presque original. Livre au surplus dont la composition révèle très bien non pas seulement le savoir, mais le goût et l'esprit de méthode de son auteur. Il a valu comme un instrument de travail, avec lequel les élèves qui s'en aidaient, devaient entrer assez avant dans l'intelligence comparée des deux langues, le latin et le français, et ainsi se préparer soit à écrire convenablement la composition latine, qui était alors l'une des épreuves de baccalauréat, soit à faire la version. Toutefois, les *Notions d'Elégance* valaient mieux encore que par ce service d'utilité immédiate, ou plutôt, tout en le procurant, elles le dépassaient, en dirigeant l'effort de l'esprit qui s'exerce à la netteté de l'idée par la recherche de l'expression propre, et qui s'affine progressivement à découvrir ce qui dans une langue donne la force ou la grâce à la pensée.

En relisant le petit livre dont je parle, on finit de deviner le professeur en M. Déchelette. Il semble que l'on entende ce maître si précis expliquer à des élèves comment, par exemple, *animus*, *anima*, *mens*, *spiritus*, *inge-*

nium, ne sont point rigoureusement synonymes et quelles nuances spécifient le sens de chacun de ces mots; on le voit tâcher à faire comprendre, dans un texte donné, où réside le secret de la clarté, quelle est la loi de l'harmonie et du nombre. Elles devaient être singulièrement vivantes et instructives les classes de M. Déchelette. Assurément qu'il excellait à ce qu'on appelle « tenir » une classe, par le don naturel d'autorité qui était en lui : ce don qui prend sa forme habituelle dans la dignité de toute la personne du maître, dans la sûreté avec laquelle le regard atteint où il vise, et dans la parole, qui commande avec brièveté, qui conseille, encore brève, pourtant plus insinuante, et qui enseigne en faisant le plus possible de toute leçon de la lumière pure. Ensuite les classes de M. Déchelette étaient sagement distribuées : il croyait avec tant de raison à la vertu de l'ordre ! De l'ordre, jeunes amis, dont on vous dit que, pour la composition littéraire, il en achève l'« invention » et il en prépare l'« élocution » : le croyez-vous assez? Chez le maître, l'ordre ménage le temps ; on lui doit les classes pleines.

Enfin, n'ai-je pas entendu dire aux anciens disciples que ceux-ci, pour désintéressés qu'ils se montrassent, au premier abord, de tout idéal classique, et même du succès aux examens, aperçus dans un lointain vague, ne parvenaient cependant pas à se défendre longtemps des poursuites dont ils se savaient et surtout dont ils se sentaient l'objet ? pas davantage des entraînements de l'exemple qu'ils avaient devant les yeux. On n'a guère vu, en effet, maître plus assidu à son œuvre auprès de chacun de ses élèves, heureux s'il était suivi, avec les « traînards » impitoyable : maître, en un mot, plus laborieux ou plus dévoué, ne concevant pas qu'on pût vivre de résignation ou de savoir acquis. Toute sa vie, il a appris : elle était pour lui de vérité évidente, en tous les domaines, la profonde maxime que « ne pas avancer, c'est reculer ». Si les programmes officiels venaient à changer ou si les besoins du service intérieur l'obligeaient à changer le sien — en ce dernier cas, ce n'était jamais pour y retrancher, — aussitôt sa belle ardeur se saisissait d'une nouvelle tâche : langue vivante, histoire... et l'intrépide travailleur ne tardait pas d'y être lui-même, c'est-à-dire vraiment fort.

On peut juger soit de la mesure soit de la qualité de ses initiatives par certain très gros cahier d'histoire moderne, qui, sous le régime des anciens programmes, a tenu lieu aux Chartreux de manuel classique. Nous l'avons feuilleté : c'est une compilation très substantielle, clairement écrite, bien divisée, et dont l'auteur eût pu faire un livre en y mettant la dernière main, et qui, telle quelle, a rendu ici le genre de services qui agréait le plus à son génie éminemment pratique.

*
* *

En l'année 1877, M. Déchelette passa d'une chaire particulière, celle de rhétorique, qu'il occupait depuis de longues années, à la direction générale des études. La fonction convenait de tout point à son tempérament : tellement, pouvons-nous ajouter, qu'il ne saura plus s'en déprendre, même après en avoir été relevé.

Jeunes amis, qu'est-ce donc, dans une maison comme la vôtre, que la direction des études ? Et pourquoi ce maître superposé à la hiérarchie des professeurs spéciaux ?

Pourquoi ? Est-ce pour les compléter ? Il n'y prétend pas, sinon dans de rares ciconstances, et alors son intervention consiste à confirmer leur autorité, bien plutôt qu'à ajouter quoi que ce soit à leurs leçons. Disons donc tout droit que l'utilité souveraine de cette charge procède de ce que, dans nos maisons, les classes ne sont pas simplement juxtaposées les unes aux autres, à la manière des compartiments de l'édifice qui les abrite. Nos classes, c'est vous, enfants et jeunes gens : par conséquent elles sont la vie; elles sont l'ensemble des étapes ou des phases de la croissance intellectuelle, depuis celle qui suit presque le berceau jusqu'à la maturité relative, représentée par l'aptitude à faire avec succès, ou chance de succès, ses preuves devant un jury d'examen de baccalauréat. Et dès lors, faut-il coordonner ces étapes, organiser ces phases, de telle sorte qu'en chacune d'elles le vivant élève prenne bien tout le développement qui doit y correspondre ; sans quoi l'œuvre de l'étape suivante sera compromise, et à la fin de la dernière on manquera le but. La tâche du directeur des études est exactement de veiller à ce que chaque classe, de la préparatoire à la philosophie, se soutienne de même, à ce que la vie circule abondante et régulière par chaque organe, et d'obtenir, fût-ce en l'exigeant, que l'assimilation se fasse à temps.

L'Institution des Chartreux a précédé nombre d'autres établissements dans la conception du rôle de directeur des études. Je ne doute pas qu'elle ait tiré de là une partie de sa prospérité, s'il est vrai que, bien rempli, ce rôle est destiné à assurer, dans nos maisons d'enseignement, la bonne tenue égale de tous les services.

Cependant moins encore douté-je que M. Déchelette eût de l'emploi toutes les qualités.

Dresser des horaires, répartir la journée scolaire, en affectant son programme propre à chacune des fractions du temps : s'assurer activement que la tâche assignée s'exécute et qu'exécutée elle profite ; aider à ce résultat en souténant le maître, au fur et à mesure des petites luttes inévitables contre des faiblesses d'enfants, et surtout, peut-être, dans les conjonctures plus délicates où ce sont les aveuglements des plus respectables tendresses qu'il faut combattre ; incessamment tout contrôler des rapports entre professeurs et élèves, avec la discrétion que commande la dignité des uns, mais aussi avec la fermeté qu'exige l'intérêt de tous ; faire par conséquent partout sentir sa présence, — une présence qui ne sera jamais complice d'une défaillance quelconque, — et en même temps la faire aimer, — ou du moins respecter profondément, — parce qu'elle sera pour tous un appui et une force : de ce service du Directeur des études, qui suppose au même degré l'aptitude aux larges vues et la faculté de s'abaisser jusqu'aux plus menus détails de la vie écolière, je dis, en y comprenant les abnégations qu'il comporte, qu'il allait à souhait à l'abbé Déchelette, doué de naissance, ajouterai-je, de l'œil du maître.

Les armes que l'on attribue à cette magistrature sont, paraît-il, sur un champ dont j'ignore les couleurs, mais qui ne peut être qu'un champ de travail, un crayon taillé par les deux bouts, avec liasse de notes de tout format. Or, l'histoire raconte que tout le temps qu'il exerça la direction des études, en effet, on ne vit guère M. Déchelette que ses armes à la main : c'est même d'une seule main qu'il faudrait dire, pour toute la saison des longues heures sombres, où, l'éclairage électrique n'étant pas inventé, le Directeur soutenait de l'autre main une grosse lampe, dont il s'éclairait à travers les couloirs, allant sans cesse, de porte en porte, de classe en classe, vérifier ou donner la consigne.

Il y avait au bout du crayon de M. Déchelette tant de zèle pour tout l'intérêt de cette Institution !

Si la tradition lui fut léguée d'une comptabilité scolaire assez compliquée, il n'était pas homme à la laisser perdre, lui, de la race des grands éducateurs qui pensent, après Mgr Dupanloup, que lorsqu'il s'agit de l'enfant, il faut le soigner, depuis ses cordons de souliers jusqu'à son âme !

L'éminent directeur « notait » beaucoup, afin de rendre le plus florissantes possible, aux Chartreux, ces Belles-Lettres, qu'il aima pour elles-mêmes, pour sa maison dont elles étaient l'honneur, et plus encore pour le bien des jeunes gens dont elles devaient contribuer à faire des hommes.

Il y a vingt-cinq ans, sentant venir sur elles un orage autrement formidable que ne fut au

XVIIe siècle la querelle des anciens et des modernes, il écrivit, pour les défendre en une fête scolaire pareille à celle-ci, un discours absolument remarquable de verve et de bon sens, dont la thèse revêtait d'abord cette synthétique formule : « Nos études sont inutiles, « au sens où l'entendent les utilitaires : elles « ne sont ni techniques, ni professionnelles. « Il n'est qu'un métier dont nos élèves sont « ici les apprentis, celui d'*homme.* » Ensuite il passait en revue, dans le même discours, les divers exercices qui composent le programme de l'étude des Belles-Lettres, dans le but de faire ressortir la part contributive de chacun d'eux à l'œuvre si bien définie : « former l'enfant, qui est un apprenti, au métier d'homme ». Or, à l'entendre dire comme il concevait la manière dont les naissantes facultés de l'homme sont successivement et progressivement excitées à se développer par le thème, par la version, et par les autres devoirs classiques, il y mêle une si fine analyse à un accent si convaincu qu'en vérité on reconnaît le Directeur des études tout entier là. « Non, s'écriait-il, l'Angleterre et la Germanie ne pourront jamais être la patrie intellectuelle du jeune Français, mais bien la Grèce et l'Italie. » Et lui, rêvait d'incorporer tout entière l'Institution des Chartreux à « la *Gallia perennis*, qui remonte à Rome et plus haut encore ».

Pourquoi n'aurait-on pas cru sur parole ce Directeur, qui, s'il tâchait de retenir, le temps voulu, le jeune homme dans la carrière des études qui ne mènent à rien, dit-on, — et c'est vrai, à rien d'immédiat — mais qui préparent pour plus tard le « professionnel » supérieur en tout, cultivait d'autre part, chez ses élèves, avec un sentiment si vif du prix du temps, l'horreur de l'existence oisive et l'amour des carrières utiles, quelles qu'elles fussent, rien à ses yeux n'important plus que de se donner dans la vie quelque autre peine, après celle d'être né. Il nous souvient qu'à l'occasion il se plaisait à faire la revue sommaire des professions les plus diverses, occupées par les anciens élèves de cette Institution : politique et diplomatie, haut enseignement, barreau et médecine, industrie et commerce ; également fier de tous les succès que ces noms représentaient, indulgent même à certains succès mélangés, mais visiblement heureux de trouver en tous la confirmation de sa thèse, à savoir que l'instrument trempé dans l'idéal des études classiques, autrement dit, l'enfant, formé ici au « métier d'homme », est excellemment préparé à faire partie de l'élite de son pays.

*
* *

M. Hyvrier se démit, en 1890, de la supériorité dont il portait la charge depuis plus de cinquante ans. Conformément à la commune attente, son héritage échut à l'abbé Déchelette, qui devait ne pas cesser de l'enrichir et de l'accroître encore.

Faute de mieux, Messieurs, souffrez que je me borne à fixer en quelques traits le souvenir de cette suprême phase d'une carrière de prêtre exclusivement éducateur.

Ce n'est plus désormais au département des études seulement qu'il va présider — encore qu'y ayant mis jusque-là sa vie, l'attrait d'y revenir demeurera en lui irrésistible. Autrefois, saint Paul disait pour son compte : « Malheur à moi si je n'évangélise ! » Mais n'y avait-il pas en votre Supérieur un besoin semblable de « professer » et de prendre immédiatement part à la vie scolaire, là même où il n'était plus en charge ? besoin qui l'eût rendu malheureux, qui sait ? coupable peut-être à ses propres yeux, s'il ne l'avait satisfait ? Cependant, il ne s'appliquera pas moins à réaliser la belle définition que le même saint Paul a donnée du supérieur : « *Qui præest in sollicitudine :* le supérieur est l'homme de la sollicitude ».

De la sollicitude universellement compréhensive.

Jamais certes M. Déchelette n'avait confondu l'éducation avec l'instruction, ni pris pour le tout de l'œuvre qui doit s'accomplir en nos maisons, la seule culture de l'esprit avec la préparation aux examens de grades. Tant s'en faut, déclarons-le bien, que dès 1879, dans un discours très étudié qu'il prononçait ici sur « *Le rôle et l'influence des examens dans l'éducation* », il disait hautement à ses jeunes auditeurs d'alors : « Chers amis, vous êtes persuadés, nous le savons, que c'est aux qualités morales que l'homme se mesure plus encore qu'à l'intelligence ; et vous n'ignorez pas que vos maîtres aspirent à former en vous des âmes plutôt que de petits esprits. »

Toutefois, jusqu'à l'entrée dans sa dernière charge, on peut, je pense, reconnaître que sa sollicitude s'était portée principalement du côté des études, sa partie : la sollicitude du supérieur aussitôt s'élargit ; elle embrasse toute l'âme et toute la vie.

Sans rien sacrifier des bonnes études, puisqu'au contraire il est d'expérience que celles-ci profitent de la direction franchement donnée à l'âme entière vers le divin idéal de l'éducation, il accentue l'impulsion dans le sens de ce qui est « le tout de l'homme ». Il a de mieux en mieux vu que le collège libre ne représenterait qu'une entreprise, s'il n'était qu'une imitation, tandis qu'il doit être une « œuvre ». L'entreprise pourrait assurément se justifier, mais entre des mains autres que celles du sacerdoce. Quant à l'œuvre, elle consiste à faire croître du même mouvement, chez une jeunesse d'élite, toutes les facultés, dont celles qui reçoivent la culture scientifique ou littéraire ne risquent pas de s'amoindrir en se laissant coordonner à la raison religieuse et à la foi. Les élèves de collège, exposés d'abord à la distraction des vastes horizons divers qui leur sont présentés, plus tard à l'enivrement du demi-savoir et aux séductions des carrières dont il entr'ouvre les portes, ont besoin plus que d'autres d'être fortement saisis de la vérité intégrale, insuffisamment désignée par le nom de vérité morale, et que nous devons expressément appeler la vérité chrétienne. Nos collèges, en un mot, ont pour raison d'être des chrétiens à former, sans négliger les bacheliers, bien entendu, comme partout nous le faisons voir, et notamment aux Chartreux. Nous aurions trahi notre mandat si les jeunes gens que nous élevons venaient à nous quitter, mal convaincus que c'est manquer le voyage de la vie que de prendre par un chemin autre que celui que Notre-Seigneur Jésus-Christ nous a tracé.

Je sais, Messieurs, que ces graves pensées, que je rappelle ici, hors de propos peut-être, pénétrèrent profondément le gouvernement de M. le supérieur Déchelette. Je sais quelle a été, chez vous, en ces dernières années, la force de l'enseignement religieux, entouré d'honneur par le choix même de celui qui fut appelé à le donner dans les hautes classes. Je sais le noble apprentissage que vous faites du dévoûment aux humbles et aux déshérités, et quelle est la ferveur de votre Conférence de Saint-Vincent-de-Paul. Pourquoi ne le dirais-je pas, j'ai été souvent le témoin édifié de vos fêtes religieuses, auxquelles M. le Supérieur présidait, lui-même si recueilli, et il nous souvient de l'avoir entendu nous remercier, très ému, parce que nous lui exprimions notre sentiment très sincère, après le spectacle que nous avions eu de telle de vos communions générales.

Je ne crains donc pas de proclamer bien haut que votre Institution, en demeurant fidèle à tout son passé intellectuel, a encore grandi moralement pendant ces quinze ans. Telle que son chef vient de la laisser, il n'est point d'autre foyer d'éducation qui mérite mieux qu'elle de la confiance des familles chrétiennes.

Avec celles de ces familles dont il élevait les fils, notre Supérieur entretenait infatigablement la conversation. Correspondances, visites, part personnelle qu'il allait prendre aux événements joyeux ou tristes, tout cela lui servait à marquer que le lien est vivant entre une institution de maîtres chrétiens et les foyers d'où les élèves viennent. C'est comme une parenté spirituelle qui s'établit entre la famille et ces maîtres : M. Déchelette en a largement pratiqué les devoirs.

Je ne puis taire enfin la sollicitude presque incroyable dont il entoura les anciens élèves de sa maison : entrant avec eux en part de tout, de leurs joies et de leurs peines, de leurs succès et de leurs épreuves, de leurs projets qu'il conseillait et de leurs efforts qu'il aidait, prêt à tous les services, d'influence, d'argent même, n'épargnant pas une démarche qu'il pensait pouvoir être utile à l'un d'entre eux. Et tous ses obligés savent que la discrétion de son dévouement en égalait la générosité sans bornes. Mille témoignages l'ont dit, surtout depuis sa mort, ce Supérieur se comporta en vrai père de la grande famille dont il était le chef.

* * *

Et j'ai fini, Messieurs, de rendre mon hommage, trop imparfait.

Cet hommage s'adresse au prêtre éducateur qui le fut à un si rare degré, parce qu'il le fut tout entier : parce qu'à la tâche dont il avait à merveille compris l'idéale grandeur, il consacra exclusivement tous ses dons, d'intelligence, de caractère et de cœur, de volonté surtout, ses journées et ses veilles, faisant converger sa vie entière à l'unique intérêt de cette tâche : gardant, pour le mieux servir, jusqu'aux années qui ont coutume de marquer l'entrée dans la vieillesse, une jeunesse de sentiment, de dévouement et de curiosité intellectuelle, qui était chez lui, je vous l'assure, plus encore une vertu qu'une qualité de tempérament.

Comme il est beau de demeurer jeune ainsi ! Et quel mérite celui qui consiste à gagner chaque jour un regain de jeunesse, par d'incessantes victoires sur les tentations de découragement, de désanchantement, qui certainement n'épargnent personne !

C'est vous, jeunes amis, qui l'avez aidé à se conserver semblable à vous-mêmes, parce qu'on imite qui on aime, et que vous fûtes son seul amour.

Il vous aima en prêtre, pour Dieu : le Dieu de son sacerdoce, pour qui sa religion devenait visiblement plus tendre avec les années. Savez-vous que chaque samedi, régulièrement, il allait, à votre intention, prendre de longues audiences chez la Sainte Vierge, en son sanctuaire de Fourvière ?

En nous quittant, il nous a laissé à tous la leçon de la belle unité de sa vie, qui se résume dans la fidélité au poste du devoir providentiel.

Ma confiance, Messieurs, est qu'à la lumière des exemples de M. Déchelette, et de ceux qui comme lui, presque du même pas, ont marché devant nous, l'institution des Chartreux fournira, sous le nouveau guide, une nouvelle étape aussi glorieuse que celles qui mesurent la route parcourue déjà : une étape, dis-je, de ce vaillant et chrétien labeur, par lequel, chers jeunes gens, vous vous préparerez à honorer, comme les aînés l'ont fait, toutes les carrières, pour Dieu et pour la France.

LYON. — IMP. EMMANUEL VITTE, RUE DE LA QUARANTAINE, 18.

241

www.ingramcontent.com/pod-product-compliance
Ingram Content Group UK Ltd.
Pitfield, Milton Keynes, MK11 3LW, UK
UKHW021033200726
13857UKWH00004B/1711